Max Mumenthaler   Jahrmarkt der Zeit

Jahrmarkt der Zeit

Reimereien aus
dem Nebelspalter
von Max Mumenthaler

Nebelspalter-Verlag

1.–3. Tausend
Alle Rechte vorbehalten
© 1981 Nebelspalter-Verlag, Rorschach
Druck: E. Löpfe-Benz AG, Rorschach
Printed in Switzerland
ISBN 3 85819 040 3

Das Gültige

Die Welt ist ein Kaleidoskop,
das Werden, Sein und Sterben
formt sich mit jedem Tage neu
aus kleinen bunten Scherben.

Das Bild hat keine Gültigkeit,
es kommt und ist verschwunden,
dem Zufall und dem Augenblick,
der Narrheit eng verbunden.

Verliere nicht das Herz im Spiel
und schau mit gutem Mute
auf das, was unvergänglich ist:
Das Wahre und das Gute!

Eitelkeit

Wer aller Welt
gefallen will,
muss alle Welt
belügen,
drum sollte
des Gewissens Ruh'
der Eitelkeit
genügen.

Geben und Leben

Gar viele suchen
das grosse Glück
in den launischen,
wirbelnden Winden.
Sie laufen nach vorne,
sie laufen zurück,
und können's nicht
finden und binden.
Sie laufen immer
im Kreise herum
mit dem Himmel
zerstritten, verdrossen,
was weiss ist, wird schwarz,
was grad ist, wird krumm,
das Glück ist im Herz
doch verschlossen!
Und löst ihm einer
die Knoten auf
und verteilt es
an Schwestern und Brüder,
dann wächst es
und mehrt sich
mit jeglichem Schnauf,
und schon hat er's
tausendfach wieder.
Wer gibt, der hält es
fest in der Hand
und kann's mit dem Alltag
verweben.
Ein Narr nur zerbricht sich
den Kopf an der Wand,
wie schön ist doch
Geben und Leben!

Der Menschheit Jammer

Alles reift im Sonnenlicht
der Ewigkeit entgegen,
nur die liebe Menschheit nicht,
sie rollt auf falschen Wegen.
Sauer bleibt sie, hart und grün
und fern dem Wohlbehagen,
unverdaulich liegt sie kühn
sich selber auf dem Magen.

Immer wieder Lärm und Streit
im Kreis der Nationen,
für den Frieden keine Zeit,
man schaukelt auf Kanonen.
Liebe gibt es keine mehr,
der Ruf nach Menschenrechten
schallt verlogen ringsumher
um andere zu knechten.

Reife ist des Lebens Ziel,
der Menschenwürde Krone,
doch das grosse Weltmachtsspiel
versucht es leider ohne.
Ach, wie ist das ungesund,
der Menschheit grosser Jammer,
unser ganzes Erdenrund
wird so zur Dunkelkammer.

Das Stachelschwein

Recht ungesellig
ist das Stachelschwein,
im Dunkeln lebt es
und zumeist allein,
es schliesst die Augen
und die Ohren zu:
«Verfluchte Welt,
lass mich in Ruh!»

Was auch geschehen mag
in Ost und West
ist nicht so wichtig
wie das warme Nest,
der Bauch liegt näher
als im Süd und Nord
das Kriegsgeschrei,
der Völkermord.

Am besten ist es,
falls der Donner grollt,
wenn man sich teilnahmslos
zusammenrollt.
O Mensch, mach's nicht so
wie das Stachelschwein,
du willst doch sicher
keines sein.

Der alte Esel

In jedem Menschen,
auch in dir und mir,
zeigt sich ein altes
wohlbekanntes Tier:
Der Esel ist's!
(mag ihn der Teufel holen)
so unberechenbar
und voller Kapriolen.
Durch unser ganzes Wollen,
Tun und Lassen,
bockt er mit närrischen
Grimassen,
nur an der Kette
wird er klein
und rollt die langen
Ohren ein.
Das sollten alle
von uns wissen,
damit wir uns
nie schämen müssen,
und um dem lieben
Innenleben
ein wenig Licht
und Glanz zu geben!

Das böse Spiel

Wer treibt mit uns
ein böses Spiel
und reitet
auf dem Besenstiel
mit Schwefelstunk
und Sturmgebraus
entfesselt rund ums
Schweizerhaus?

Es ist des Teufels
wilde Braut,
die uns den Lohn
der Arbeit klaut,
und jeder kennt sie
lange schon:
die Rezession,
die Rezession!

Wo man das Geld
zum Götzen macht,
da kommt die Hexe
über Nacht,
und wo man's täglich
dreimal zählt,
wird man von ihr
zu Tod gequält.

Doch sucht man nicht
im Geld sein Glück,
dann fährt zur Hölle
sie zurück,
und jeder hat
ins Licht getaucht
zum rechten Leben
was er braucht.

Aus diesem Grund
kein böser Trutz,
nicht überall
nur Eigennutz,
Verständnis
für des andern Not,
dann fehlt auf keinem
Tisch das Brot.

Bitte pressieren

Mensch, du willst
die Welt verbessern,
das ist gut
und güter,
denn du wirst
auf diese Weise
deines Bruders
Hüter!
Achtung, fertig, los,
Galopp!
Nur nicht lang
besinnen;
doch du musst
auf alle Fälle
bei dir selbst
beginnen!

Warten

Sei geduldig,
lerne warten,
lass den Apfel
reifen.
Wer nicht Herz
und Hände zügelt,
muss daneben
greifen.

Zeiten des Goldes

«Je höher das Gold,
desto tiefer der Mensch»,
das sagte zum Aaron
schon Moses.
Im Gold ist viel Pech
und viel Schwefel versteckt,
das Spiel um das Gold
ist ein loses.

Ein loses Spiel
ist der Tanz um das Gold,
süss, sauer
und schlussendlich bitter.
Der Mensch hebt das Gold
zu den Wolken hinauf
und verkommt dann
im wilden Gewitter.

Die Liebe vorbei,
der Frieden vorbei
und die göttlichen
Glückseligkeiten.
«Zeiten des Goldes»,
hat Moses gesagt,
«sind keine
goldenen Zeiten!»

Der Zeit voraus

Gar mancher läuft
der Zeit voraus
und sammelt so
recht viel Applaus,
als wäre er
ein grosser Mann
der mehr als alle
andern kann.

Als wäre er
Avantgardist,
der aus der Hand
der Zukunft frisst,
den Himmel auf
die Kniee zwingt
und Wolkenschlösser
fertig bringt.

Er läuft und läuft
der Zeit davon,
als ginge es
um Ruhm und Lohn,
doch zwei mal zwei
bleibt immer vier!
Der Mann läuft nur
aus Angst vor ihr.

Das Welttheater

Das lose Spiel
der lauten Zeit
zählt nicht zum Glück
der Ewigkeit.
Was auch geschieht
im Rampenlicht,
es geht vorbei,
das Wort zerbricht.
Der Wind verweht
den Stundenschlag
und morgen kommt
ein neuer Tag,
und neu beginnt,
was gestern war,
mit einem andern
Stück und Star.
Drum ist es gut,
wenn man verspürt,
was aus dem Wirrwarr
vorwärts führt:
Das bleibende
und wahre Gut
des Lebens rauscht
in unserm Blut,
und lauscht man still
in sich hinein,
so hört man's
und kann friedlich sein.

O-la-la

Auf dem Landgut
Bodenweiler
im verträumten
Niedersachsen,
wo die Bohnen
und die Gurken
bis zum Mann
im Monde wachsen
und die Katzen
freudetrunken
in den Himmels-
räumen mausen,
lebte einst
der wohlbekannte
Lügenbaron
von Münchhausen.

Als ein Meister
schöner Märchen,
mit der Wahrheit
stets zerstritten,
ist er auf
Kanonenkugeln
durch die weite
Welt geritten.
Chasnawiden
und Seldschuken
hat er massenhaft
erstochen,
(nur am Stammtisch!)
und die Freunde
haben's
mit der Zeit gerochen.

Deshalb ist er
von der Weser
in die schöne
Schweiz gezogen,
hier wird vieles
(auch die Sporen)
doch die Wahrheit
nicht gewogen.
Und so kommt es,
dass Münchhausen,
der das Schwindeln
nie vergisst,
heute nun
ein wohlbestallter
hoher Nationalrat
ist.

Der Garten

Im Garten schlägt
des Jahres Herz,
es blühen
bunte Träume
und bauen Brücken
himmelwärts
in unbegrenzte
Räume.
Der Augenblick,
die Ewigkeit,
sie reichen sich
die Hände,
im leisen Windhauch
klingt das Lied
vom Werden,
Sein und Ende.
Dem Gärtner wird
das grosse Glück
vom Paradies
beschieden,
der Garten ist
ein gold'nes Stück
vom wahren
Erdenfrieden!

Die alten Hunnen

In den grauen Nebelfernen
geht der Hunnen Spur verloren,
unter fremden, kalten Sternen
hat ein Sturmwind sie geboren.
Ohne Furcht vor Schimpf und Schande,
voller Lust auf Abenteuer,
trugen sie durch uns're Lande
Not, Gewalt und Tod und Feuer.
Was sie wollten: Blut und Beute!,
und sie kamen und zerstoben
um sich als Kentauren-Meute
auszuleben, auszutoben,
und sie fühlten sich berufen
mit des Teufels Kraft im Herzen,
unter ihren Pferdehufen
Recht und Ordnung auszumerzen! –
Attila ist nicht gestorben,
und in seinem Dunstkreis nisten
durch den Hunnenrausch verdorben
die verfl...ixten Terroristen.

Kein Spott

Der Spott ist nicht
das rechte Salz,
um die Kritik
zu würzen.
Mit Liebe nur
gelingt es dir,
ein langes Ohr
zu kürzen.

Man sollte

Man sollte
mit dem Gestern nie
das Heute
zornig tadeln,
doch mit dem Heute
wohlgemut
das liebe Morgen
adeln.

Kasperl

Freiheit gibt es
für den Kasperl
unterm Himmel
nicht sehr viel,
denn sein ganzes
buntes Treiben
ist ja nur
ein Märchenspiel.
Flinke Finger
ziehn die Fäden
und der Beifall
schlägt den Takt,
aber löscht
das Licht der Bühne,
ist sein Leben
arm und nackt.
Wehe, wenn er
einmal trutzig
seine Glieder
selber rührt,
ist er bald
im Garn verhaspelt
und sein Wollen
eingeschnürt ...
Mensch, bleib Mensch,
auf festen Füssen,
falle nie
ins Narrenland,
denn du willst doch
nicht des Teufels
Kasperl sein
am Gängelband.

Fliegende Untertassen

Immer wieder
wollen die fliegenden
Untertassen
ängstliche Leute
rund um den Erdball
nicht schlafen lassen.
Man zagt und zittert
vor fremden Welten
und Missgestalten ...
Solche Gedanken,
verehrte Freunde,
sind abzuschalten.
Die Sache ist einfach,
jetzt haltet bitte
den Atem an:
Es geht um nichts andere
als um olympisches
Porzellan!

Tschakrawartin

Es war einmal
in den indischen Landen
ein alter, allmächtiger
Weltgeist vorhanden:
Tschakrawartin ...
so hat er geheissen,
er konnte den Himmel
mit Blitzen zerreissen
und brachte die Menschheit
mit stinkenden Krallen
so wie die Sonne
zum Steigen und Fallen.
Buddha, der liebende,
hat ihn vertrieben,
und lange ... lang ist er
im Dunkel geblieben.
Tausendfach heute
wiedergekommen,
hat er sich alles
zurückgenommen,
was er in Indien
einmal besessen.
Rund um die Erde,
verwegen, vermessen ...

Beim Frühstück war es
im wolkigen Himmel
der griechischen Götter,
Frau Hera tobte,
und Zeus, der Ehemann,
spielte den Spötter.
Sie schalt ihn wegen
der vielen auswärts
gezeugten Kinder:
«Brünstiger Bulle,
Dreckschwan, Satyr
und Bürstenbinder!»
Er aber lachte,
griff nach dem Tagblatt,
gelassen und heiter:
«Als Vorbild der Menschheit
schlürf' ich Kaffee
und mach' es so weiter!»

Da riss bei Frau Hera
der schwache Faden
der frommen Geduld,
sie belud sich mit Tellern,
mit Tassen und einer
kaum zu verzeihenden Schuld,
und warf sogar noch
die Käseglocke
gegen den Zeusen
am Haupt vorbei
mit den lockigen Haaren
und zehntausend Läusen.
Seither fliegen
durchs Weltall so viele
seltsame Geschirre,
und wer die Geschichte
nicht wahrhaben möchte,
geht ganz bestimmt
in die Irre!

Tschakrawartin:
«der das Rad rollen lässt!»
Der trutzige Götze
der rasenden Pest.
Die Erde unter
den Rädern zu haben,
Menschen und Tiere
mit wildem Gehaben,
und sich selber
frohlockend belügen,
das ist sein einziges
grosses Vergnügen.

Buddha, komm bitte
ein zweitesmal
und befreie auch uns jetzt
von dieser Qual.
Fort mit dem Lärm
und den stinkenden Gasen,
fort mit dem entfesselten
blutigen Rasen,
wenn alle zu Fuss gehn,
getreulich und bieder,
dann haben wir unsere
Seligkeit wieder!

Das grosse Wunder

Die Welt ist voller Wunder!
O wundervolle Welt,
vom Saum der Mutter Erde
bis an das Himmelszelt,
vom Werden, Sein, Vergehen,
vom Licht zur Dunkelheit,
vom Wort des Augenblickes
zur stillen Ewigkeit.
Es blüht ein Meer von Rosen,
die nie der Wind verweht,
auch wenn die liebe Sonne
zuweilen untergeht.
Das Herz will seinen Frieden,
drum schaut, und horcht, und spürt,
das ist der Weg, der alle
in Gottes Garten führt.
Hier weichen alle Zweifel,
das Glück ist rein und wahr,
die Welt ist voller Wunder
und mit ihr Tag und Jahr!

Der Mensch ohne Herz

Der Mensch ohne Herz
ist ein seltsames Ding,
ein armer, gusseiserner
Schmetterling!
Er zieht die Rose
hinab in den Staub,
sein Himmel ist welkes
gestorbenes Laub.
Da liegt er, zerfressen
vom tückischen Rost,
Gewicht will er haben,
und hat es auch ... Prost!

Brief an Petrus

Simon Petrus,
Wettermacher!,
bleibe nicht
im Gestern stehn.
Willst du keine
Widersacher,
musst du willig
vorwärts gehn.
Vorwärts, Petrus!
Ohne Säumen
weg vom See
Genezareth,
wo der Fortschritt
in den Träumen
des Herodes
untergeht.
Auch im Himmel,
wie auf Erden
muss das ganze
Drum und Dran
endlich
demokratisch werden,
frei von allem
Grössenwahn.

Petrus, wenn wir
Sonne möchten,
wir, die Menschen!
lachst du nur,
und es zieht
ein Donnergrollen
hagelnd über
Stadt und Flur.
Hätten wir
den Regen nötig,
ist das Wetter
viel zu warm,
bist du wieder
nicht erbötig
und zeigst weder
Gunst noch Scharm.
Petrus, du bist
eigenmächtig,
deiner Launen
schwacher Knecht,
und wir fordern
zukunftsträchtig
unser
Mitbestimmungsrecht!

Die letzte Möglichkeit

Was hat unser Muffli,
der arme Tropf,
an zackigen Scherben
doch alles im Kopf:
Die Freuden des Lebens,
mit Sex und so fort,
in einer Kommune
mit Hanfsamensport!
Den Lohn ohne Arbeit,
mit Ferien dazu,
und alles, was müde macht,
unter den Schuh.
Die Freiheit, die nimmt,
was den andern gehört
und sich im Rudel
gesteuert empört.
Eine Demokratie
voller Pulver und Blei
mit einem kaukasischen
Jubelgeschrei.
Und schliesslich den Frieden,
der alles bekriegt,
was abseits vom lausigen
Trampelpfad liegt. –
Muffli, du schaufelst
dir selber ein Grab,
der Kropf drückt dir bleiern
die Atemluft ab.
Drum endlich auf immer
zur Hölle damit,
riskiere den rettenden
Eisenbarth-Schnitt!

Nicht vergessen

Alle Leute,
die verdrossen
und mit Feuer
in den Adern
Recht und Ordnung
bombardieren,
weil sie mit dem
Schicksal hadern,
stehen abseits,
hilfesuchend
bei Mephistos
Gaukelgeistern,
anstatt mutig
mit dem Herzen
die Probleme
selbst zu meistern.
Ach vom Schicksal,
glaubend, hoffend,
kann der Mensch doch
schnell genesen,
schon bei Adam
ist es keinen
sauren Apfel
wert gewesen!

Die Ahnen

Um die Ahnen
nachzuweisen,
braucht es keine
Galerie.
Lass den Maler
auf der Seite,
im Gesichte
trägt man sie.

Das Schildbürgerhaus

Da wo die Welt
mit einem Brett
vernagelt ist
und wo der Fuchs
sich laut beklagt,
dass ihm der Has'
die Kinder frisst,
treiben die Weisen
von Sigiswil
ein turbulentes
Schildbürgerspiel.
Man baut und baut
mit Luft und Sand
und flinker Hand
ein Jugendhaus,
und wenn's zerfällt,
zieht männiglich
die Stirne kraus.
Begonnen wird,
hier liegt das Übel,
immer wieder
ganz oben beim Giebel.
Jugendhaus her
und Jugendhaus hin,
man muss es doch
aus dem Dreck heraus ziehn:
Zuerst der Keller
und dann das Dach,
ein Fundament
gegen Weh und Ach.
Ein Fundament ...
das wäre schon da,
ohne viel Dalles
und grosses Blabla,
wenn wir in unseren
Dörfern und Städten
Eltern, die besser
erzogen sind, hätten!

Stud. stip. Gantenbein

Mein Name sei Fritz Gantenbein
(vielleicht auch nicht, ihr Lieben!),
Hauptsache ist, es werden mir
Stipendien gerieben.

Was ich studiere, weiss ich nicht,
und will es auch nicht wissen,
denn beim Examen werde ich
ja ohnehin beschissen.

Die Zürcher Universität
hat falsche Professoren,
sie lehren nicht, was ich schon weiss,
so geht die Zeit verloren.

Gern spiel' ich mit des Schicksals Sand,
er rinnt durch meine Hände,
dann sprüh' ich nachts, was mich bedrückt,
an bourgeoise Wände.

Und weil der Sand so nichtig ist
(Gott gibt es nur den Seinen!),
probier' ich's, wenn ich schaffen soll,
zumeist mit Pflastersteinen.

Wenn's scherbelt an der Ladenfront,
fühl' ich mich wohl im Kittel,
und die geklaute Armbanduhr
erspart den Doktortitel.

Zum harten Kampf ums Jugendhaus
mit Tränengasbanditen,
bin ich zu jeder Zeit bereit,
da muss mich niemand bitten.

Ich baue Barrikaden auf,
doch land' ich auf dem Schragen,
dann kann ich morgen mit Erfolg
die Polizei verklagen.

Das Leben, ach, ist lebenswert
als Korn im Hagelwetter,
doch manchmal, ehrlich, wünsche ich
der Bührle wär' mein Vetter.

Ich könnte dann mit süssem Wein
den ganzen Dreck verprosten
und sässe ohne Studium
auf einem fetten Posten!

Bequemlichkeit

Wer wenig Garn
vom Rocken spinnt
und seinen Taglohn
nicht gewinnt,
verfluche nicht
die Christenheit,
es liegt
an der Bequemlichkeit.

Einladung ins Schlaraffenland

Hans Sachs, der König im Märchenland,
im Märchenland derer Schlaraffen,
schrieb einen Brief an die Jugend der Welt:
«Schaut doch, wie zwischen der Arbeit, dem Geld
Unrecht und Ausbeutung klaffen!»

«Warum denn so folgsam die Schule bestehn?
Das sind doch verlorene Mühen!
Zeigt euren Rücken dem faulenden Staat,
bei mir wächst am Wegrand der Eiersalat
und herrliche Bratwürste blühen!»

«Gebratene Tauben fliegen daher
und Spanferkel kommen gesprungen.
Wer Hunger hat, muss nur den Mund auftun,
und nachher besprenkelt die Rose beim Ruhn
mit berauschenden Düften die Lungen!»

«Vom Cocacola gibt's mehr als genug,
auch Honig und Milch und so weiter,
und mancher glückselige, goldene Traum
fällt in den Alltag vom Cannabis-Baum,
bei mir lebt man fröhlich und heiter.»

«Das grösste Laster bei mir ist der Fleiss,
die Faulheit die löblichste Tugend.
Was uniformiert ist, das jagt man hinaus,
Polypen duldet man keine im Haus,
es lebe die Freiheit der Jugend!»

«Nun kommt doch zu mir, ich lade euch ein!»
Doch nein ist die Antwort gewesen,
«denn wer nicht die Zunge zum Mund hinausstreckt
und schweigend sich durch den Zuckerberg leckt,
hat nichts von allem als Spesen!»

«Und ausserdem ginge die Freundschaft noch
mit Dschingis Khan gänzlich verloren,
wir wären für ihn überhaupt nichts mehr wert
und rosten müsste das hunnische Schwert,
wir sind doch zum Aufruhr erkoren!»

Gut schlafen

Sorgen schaffen
harte Betten,
aber wer
kein Unrecht tut,
schläft auf allen
Lagerstätten
trotzdem immer
tief und gut.

Der Weg zum Nichts

«Die Welt ist alt und morsch,
der Weizen abgedroschen,
die Menschheit viel zu wenig forsch,
die Lebenslust erloschen!»

«Man muss nun etwas tun,
vor allem demonstrieren
und Leuten, die im Gestern ruhn
die Betten abmontieren.»

«Nur wo der Kehricht glimmt
und Fensterscheiben krachen,
sind alle Saiten neu gestimmt,
um rechtsumkehrt zu machen.»

So denkt der kleine Fritz
und gräbt nach Pflastersteinen,
das ist sein ganzer Mutterwitz ...
Ach Gott, es ist zum Weinen.

Wo sucht er denn sein Glück?
Im klirrenden Verderben!
Aus Trümmern gibt es kein Zurück,
was gilt, muss einfach sterben.

Die Zukunft ist vorbei,
was kann sie noch verschenken?
Das wäre hinterm Feldgeschrei
auch manchmal zu bedenken.

Vergessen

Wenn einer dir
die Liebe kündigt
und sich so
an dir versündigt,
dass es schwerfällt
zu vergeben,
dann benimm dich
angemessen:
Gut geschluckt
heisst halb vergessen,
wer vergisst,
hat mehr vom Leben!

Für den Leser

Wer lesen will,
hält auch mal still
und ist sich stets
im klaren:
Ein Bummelzug
ist schnell genug,
um durch ein Buch
zu fahren.

Die langen Ohren

Kinder, Kinder,
liebe Kinder,
habt auf eure
Ohren acht!
Denkt daran,
dass jede Lüge
sie ein wenig
länger macht.
Und wer lügt,
lügt immer wieder
und lügt bald
mit jedem Schnauf,
ja, es nimmt
ein böses Schicksal
unbehindert
seinen Lauf.
Ach, ich weiss es
von dem kleinen
hölzernen
Pinocchio,
als er log
und log, da lag er
hopp! im Stall
und auf dem Stroh.
Ganz verwundert
rieb er seine
Augen aus
und sagte «nein!»
trotzdem war er
jetzt ein graues
und ein armes
Eselein.
Erlöst hat ihn
die blaue Fee,
die jeden Spuk
vertreibt,
aber besser
ist es, Kinder,
wenn ihr bei der
Wahrheit bleibt.

Aufruf

Liebe Freunde!
vergesst es nie:
Wir leben in einer
Demokratie,
und diese, wenn wir
das Messer schleifen,
muss es die Gurgel
entblössend begreifen.

Keine Angst, wenn wir
mit Pflastersteinen
den Himmel, den Frieden,
die Ordnung verneinen.
Wir machen damit
bei niemandem Schulden,
der demokratische
Staat muss es dulden.

Doch eines Tages dann
ist es so weit:
Der Sarg für die Demokratie
steht bereit,
und wenn sie hineinkriecht
auf allen Vieren,
dann Freunde, sind wir es,
die kraftvoll regieren!

Das grosse Licht

Jeder suche,
wo er wolle,
seines Lebens
grosses Licht.
Eines aber
muss man wissen:
ohne Liebe
brennt es nicht.

Der Besserwisser

Gar mancher Mann
mit kühnem Mut
spricht meistens länger
als bloss gut.
Mit vielen Worten
nichts zu sagen,
schafft ihm ein volles
Wohlbehagen.

Die Krankheit kommt
(Gott sei's geklagt!)
vom Besserwissen,
das ihn plagt.
Er kann die andern
nicht mehr hören,
da gibt's nur eines:
sich empören!

Und die Moral
für seinen Schnick
holt er sich täglich
frisch vom «Blick»,
bei nackten Mädchen
und Geschichten
von Casanovas
Leibgerichten.

Kein Wunder, dass
besagter Mann
als grosses Beispiel
gelten kann.
Ein Sprecher
ohne langes Denken
wischt jede Oppo
von den Bänken.

Das Abendland
soll untergehn!
Um Oswald Spengler
zu verstehn,
muss man sich nicht mehr
lang besinnen:
der Besserwisser
wird gewinnen!

Gotthard-Ballade

Abt und Bischof
ist er gewesen:
Godehard
mit dem eisernen Besen!
Zur Ordnung und Zucht
auf die Kniee nieder
zwang er die Nonnen
und Mönche wieder,
die einstmal in einer
unsauberen Zeit
nur noch die Wohllust
gebenedeit.
In Bayern, Preussen
und weit herum
wurden die heillosen
Lästerer stumm,
und deshalb,
es konnte nicht anders sein,
bekam er vom Papst
einen Heiligenschein.
Godehard vom sauberen Leben
hat dem Sankt Gotthard
den Namen gegeben.
Heute noch brennt
auf der Wasserscheide
von Reuss und Tessin
zu des Wanderers Freude
sein Licht in einer
stillen Kapelle,
und mancher tritt
in die flackernde Helle
und bittet den Heiligen:
Halte die Hand
helfend nun auch
übers Schweizerland!

Bezwinge wie einst
die teuflischen Raser,
Frauen und Männer
beherrscht vom Vergaser,
die Gott und den Himmel
verstinken und kränken
und nur noch an die
Geschwindigkeit denken!
Halte den Gotthard,
dein Heiligtum, rein,
ewig dafür
wird man dankbar dir sein!

Brüderlichkeit

«Einer für alle!»
(Gemeint ist der Franken,
dem wir das Brot
und die Bratwurst
verdanken)

«Alle für einen!»
(Stets für den gleichen,
einnehmenden, raffenden
Superreichen)

Haben das wirklich
die Ureidgenossen
so auf dem Rütli
begeistert beschlossen?

War das ihr Bündnis
der Treue und Liebe
oder ein Lustspiel
für Narren und Diebe?

Niemand kann's sagen,
sie sind ja gestorben
und was sie beschworen
schon lange verdorben.

Reichtum und Steuern
gerechter verteilen
würde wohl manches
Grundübel heilen!

Schwarz und Weiss

Aberglaube
krummer Leute
ist so klebrig
wie das Harz.
Viele meinen,
weil sie weiss sind,
sei der Teufel
einfach schwarz.
Schwarz ist Unrecht,
schwarz ist Sünde,
schwarz ist,
was das Glück zerstört,
schwarz was immer
der Verdammnis
und der Hölle
zugehört. –
So war's lange
tausend Jahre,
mancher Pfarrer
hat's gelehrt,
aber heute
für die Schwarzen
ist das Ganze
umgekehrt:
Weiss ist schlecht
und weiss ist böse,
schwarz dafür
der liebe Gott,
und so geht
der Eigendünkel
um den Erdball
hüst und hott.
Alte Zöpfe
nicht mehr flechten
wäre sicher
gut und recht.
Nicht die Haut
ist ausschlaggebend
für das menschliche
Geschlecht.

Nostalgie

Das Heimweh nach Vergangenem,
die liebe Nostalgie,
ist Gold, das keine Zinsen trägt,
und baut die Zukunft nie.
Das Gestern, ja, ist immer schön,
schliess es ins Herz hinein,
doch schaue auch zum Morgen hin
sonst stellt es dir das Bein!

Duden

Kennen Sie Duden,
den bärtigen Konrad,
Feldweibel
der Orthographie?
Er lässt die Sprache
im Taktschritt marschieren,
fehlerfrei,
ohne ein knickendes Knie.

Vorne die Trommel,
Fahne und Säbel,
Augen rechts
und zurück mit dem Kinn!
Respekt vor dem Komma,
nur so hat das Schreiben
schliesslich und endlich
überhaupt einen Sinn.

Schulmeister war er,
in Soest und in Schleiz,
in Hersfeld
auch noch am Ende.
Er trug einen Kneifer
und schlug den Eleven
gern mit dem Hasel-
stock auf die Hände.

Mir nicht!, Herr Duden,
für mich sind sie heute
weiter nichts
als ein altes Fossil.
Für mich sind die Lippen
blutvoller Menschen
massgeblich
für Ausdruck und Stil.

Politik

Zwei waschechte Schweizer:
der Trötzli, der Zwänger!
beides politische
Volksminnesänger,
der erste ein linker,
der zweite ein rechter
leidenschaftlicher
Meinungsverfechter,
standen vor einem
Kessel mit Rahm!

«Zum Wohle des Volkes»,
hört man sie sagen,
«muss man den Rahm
mit dem Schwingbesen schlagen.»
Linksherum Trötzli,
rechtsherum Zwänger,
sie stritten und litten
recht lange und länger,
dass man's im ganzen
Lande vernahm.

Der Rahm wurde sauer
ob all der Debatten,
die Zuhörer auch,
die auf «hm» gehofft hatte
Nichts hat's gegeben,
dank Trötzli und Zwänger
bekamen die vielen
Mitläufer, Mithänger
keine Meringues
und keinerlei Butter.

Das ist Politik,
so wird sie getrieben
und die Geduld
der Massen zerrieben.
Was nützt uns der Trötzli?
Was nützt uns der Zwänger
So machen den Rahm uns
die Stimmenfänger
mitsamt unserm Glauben
zum Schweinefutter!

Wir bleiben trotzdem froh

Der Staat ist überall
und immer hart am Ball:
Vorne, hinten,
unten, oben,
links und rechts
aus Nimm gewoben.

Er scheffelt mit Genuss
und schafft ringsum Verdruss:
Bei alt und jung,
bei dir und mir,
bei arm und reich,
bei ihm und ihr!

Es lebt ein Krokodil
in Bern und nicht am Nil:
Die Schalterwelt,
das Formular,
die riesige
Gebührenschar.

Ein Bruch ...
ein Bruch ...
ein Bruchteil kommt zurück
fürs öffentliche Glück:
Vielleicht mal da,
vielleicht mal dort,
und manchmal auch
am falschen Ort.

Es ist nun einmal so!
Wir bleiben trotzdem froh:
Wenn auch der Ball
ins Abseits rollt,
wir alle haben's
so gewollt!

Fatal

Es war einmal ein Hühnchen,
so jung und zart und nett,
das sehnte sich nach Honig
und einem warmen Bett.
Und als es beides hatte,
da wurde es ihm klar,
dass es ein Konkubienchen
und er ein Brummer war.
Er war ein Maienkäfer,
und hopp im Sauseschritt
sind Mai und Zeit vergangen,
sonst wär' man nun zu Dritt!

Lebensregel

Wer nicht darf,
was er will,
und nicht kann,
was er soll,
macht zum Schluss,
was er muss:
nämlich nichts!
das ist toll.

Wahrheit und Lüge

Wer die Wahrheit lieben will,
muss die Lüge hassen
und darf keinen Klappermohn
im Kornfeld wuchern lassen.

Leicht gesagt, doch will der Mohn
für das Brot nicht taugen,
riecht er, ach, nach Opium
und entzückt die Augen.

Wo auch der Papaver blüht,
freuen sich die Leute,
niemand lebt vom Brot allein,
ganz besonders heute.

In der wundervollen Zeit
hochgestreckter Nasen
will man einfach überall
prallgefüllte Vasen.

Kirche, Banken, Politik,
das Familienleben,
sind der Lüge vielerorts
ganz und gar ergeben.

Aber bitte, denkt daran:
Rosen, Tulpen, Nelken,
samt dem Blümlein Tausendschön
und dem Klatschmohn welken.

Nur die Wahrheit hat Bestand
und ist unvergänglich,
wer sie liebt, hat gutes Brot,
immer, lebenslänglich!

Lügen

Früher einmal
hatten Lügen
kurze Beine,
und man jagte sie
und schlug sie tot.
Heute lässt man
sie mit Wohllust
von der Leine,
und sie sind nun
unser täglich Brot.

Hartes Brot und
schwer verdaulich!
Doch was tut es ...
selbst der Staat
bäckt mit Juhei,
also schluckt man
frohen Mutes
heute alles
und wird immer
närrischer dabei.

Die moderne
Welt der grossen
Psychiater,
die das Garn vom
Teufelsrocken spinnt,
sagt's den Kindern,
sagt's der Mutter
und dem Vater:
Wer am besten
lügen kann, gewinnt!

Schuldgefühle
überflüssig!
Das Gewissen
macht den Menschen
immer arm und krank,
und das schönste,
allerweichste
Ruhekissen
ist ein Schwindelkonto
auf der Bank.

Schön wär' die Schweiz

Es läuft die Zeit,
nach Wilhelm Busch,
im Sauseschritt,
wir laufen mit
zur Ewigkeit.
Die Peitsche knallt
mit Allgewalt:
Die Runden drehn,
kein Stillestehn,
hopp-hopp, husch-husch!

O Wilhelm Busch,
muss das so sein?
Ein Dauerlauf
vom ersten Schnauf
zum letzten Tusch,
mit eins-zwei-drei
dem faulen Ei
des Geldes nach,
voll Grimm und Schmach?
Ich glaube nein!

Das Herz halt rein
von Gier und Geiz!
Leg nie das Ohr
ans Höllentor
und zähm das Bein!
Auch Wilhelm Busch
verfemt den Pfusch
als Teufelslast ...
Schön wär' die Schweiz!

Urtalent

Jeder Mensch
hat einen Sparren
und ein Urtalent
zum Narren.
Hie und da
den Schleier heben
schafft Erleichterung
im Leben.
Überdruck
ist unerträglich,
und wer ihn versteckt
wirkt kläglich.
Spiele nie
den Ewigweisen,
denn so muss
der Kopf vereisen,
lass doch kühl
die Schellen läuten
und versuche dich
zu häuten.
So bist du
mit deinem Sparren
sicher nicht
der Narr der Narren!

Polnisches Sprichwort

Hundert Uhren, sagt der Pole,
wenn man in die Hand sie nimmt,
werden ohne grosse Mühe
immer spielend gleich gestimmt.

Doch zehn schöne, stolze Frauen
stimmen niemals überein,
jede tickt nach Lust und Laune,
keine will gerichtet sein.

Perlen

Das Ungemach
im Muschelhaus
wächst sich zum schönsten
Kleinod aus.
Ach, wenn ich keine
Sorgen hätte,
wo bliebe da
die Perlenkette.

Zynismus

Die griechische Schule
der Philosophie,
der Kyniker,
in Athen,
hat einst den leiden
Zynismus geboren,
die Kunst alles Recht
zu verdrehn.

Völker und Menschen
zur Wahrheit ermahnen
und lügen
wie's einem gefällt!
Die Freiheit umjubeln,
um Knechte zu schaffen,
denn so nur
besiegt man die Welt!

Wer möchte das heute?
Wohl jeder weiss es,
und deshalb
verkünd' ich es nicht,
und wer es nicht weiss
mag am Gift sich berauschen,
bis an den Lippen
das Glas ihm zerbricht.

Ein altes Lied

Das Wissen ist der Massstab
des menschlichen Gewichts:
Die einen wissen alles,
die andern wissen nichts!
Doch trotz der grossen Wort
das ist ein altes Lied,
gibt's zwischen beiden Seiten
gar keinen Unterschied!

Jossif

Da wo tote Sünder weinen,
kann der grosse Jossif seinen
ewigen Geburtstag buchen.
Lasst ihm herzlich gratulieren,
er muss wenigstens nicht frieren,
und des Blockbergs Buhlen alle
backen ihm aus Gift und Galle
einen höllisch guten Kuchen.

ER, der Menschenrechtsverächter,
Unhold, Millionenschlächter,
leuchtet auch im Jenseitsdunkel.
Der Verdammnis Becher kippend,
russig, durstig Kohlen schippend
und das Fegefeuer nährend,
blieb er so wie früher während
seines Lebens ein Furunkel.

Hinterm Kaukasus geboren
ging an ihm ein Mönch verloren,
seine Unschuld wurde sauer.
Sauer so, dass nach dem Sterben
seine Freunde, seine Erben
treulos ihn verstossen haben.
Und wo liegt er nun begraben?
An des Kremls grauer Mauer!

Dort hat er auf leisen Sohlen
sich zur Hölle weggestohlen
die ihm immer nahelag.
Trotzdem nun, nach vielen Jahren,
möcht' er gern zum Himmel fahren,
doch der Petrus hält verdrossen
seine Türe fest verschlossen,
weil er keinen Stalin mag!

Achtung Gefahr

Die sieben Kanaris
im Bundeshaus,
beliebte,
fürtreffliche Sänger,
wollen zum goldenen
Käfig hinaus
und meinen:
So geht es nicht länger!

Warm ist das Nest,
und das Futter ist gut,
und trotzdem
macht's ihnen Beschwerden.
Sie tragen alle
das Fernweh im Blut
und möchten gern
Glanzstare werden.

Wandervögel!
was Flügel hat
soll fliegen
durch Länder und Welten.
Sie haben das ewige
Zwitschern doch satt ...
nun gut,
wir lassen das gelten.

Doch aufgepasst,
es gibt überall
Leimruten
und tückische Netze,
und kommt dann dazu
noch der Flintenknall,
versinkt man
im Trübsal der Hetze.

Manchmal ist's besser,
kein Glanzstar zu sein
und die Eitelkeit
zu verhüllen,
und immer wieder
bescheiden und klein
zu Hause
die Pflicht zu erfüllen.

Freiheit

Die Freiheit ist ein rohes Ei
(Verbot, damit zu kegeln!),
zu ihrem Schutze schafft der Staat
ein Heer von schönen Regeln.

Das rohe Ei wird nach und nach
vorsichtig hartgesotten.
Man hofft, es halte länger so!?
Wir armen Hottentotten ...

Der beste Weg

Gewalt ist Gift
und Gift Gewalt,
und wo die Hand
zur Faust sich ballt,
wird nie das Glück
geboren.

Im Teufelskreis
von Macht und Stolz
hängt alles bald
am Galgenholz,
das Morgen geht
verloren.

Die neue Welt,
fernab der Schuld
und bösem Tun,
heischt viel Geduld
und ewiges
Bemühen.

Nur die Geduld,
Geduld allein,
ein gutes Herz
voll Sonnenschein
bricht Knospen auf
zum Blühen.

Die Zukunft

Das Gestern allein,
das Heute allein,
die Hoffnung allein
auf das Morgen,
kann nie ein politisches
Leitbild sein
zur Bewältigung
drückender Sorgen.

Das Gestern aber,
das Heute dazu
mit dem kommenden
Morgen verweben,
von allem ein wenig,
dann läuft der Schuh
von selber zum
besseren Leben!

Grossväter, Söhne
und Enkel vereint,
gemeinsames Planen
und Schaffen,
befreit uns vom Spiel,
das alles verneint,
und vom Hokuspokus
der Affen!

Mit freundlichem Gruss

Wer es nicht wagt,
einmal Unrecht zu haben,
dem fehlen diejenigen
geistigen Gaben,
mit denen die Klugen
ihr Leder gerben,
um nicht an der Dummheit
leichtsinnig zu sterben.

Was Fritzli sah

Es meint der Fritzli Löwenmaul
im Bundeshaus sei etwas faul.
Dem Nationalrat gottfriedstutz
fehlt irgendwie der rechte Sprutz.
Wie man sich flohnt fürs Vaterland
ist einfach eine Affenschand.
Wir waren mit der Schule dort
von wegen Aufsatz und so fort.
Mir stinkt es aber, blase mir,
es ist doch schade fürs Papier.
Der Lehrer war zutiefst entsetzt:
zu viele Stühle unbesetzt!
Wenn wir so schwänzen täten, ach,
dann gäb' es sofort eins aufs Dach.
Wo aber doch ein Opa sass
und nicht gerade Schoggi frass
hat er die Ohren ausgeputzt
(wozu ein Zündholz man benutzt),
er hat gebohrt, wo sag' ich nicht,
die Hände mitten im Gesicht,
er machte Manikür und so,
es war beinahe wie im Zoo.
Und einige, die schliefen fast,
wohl unter ihrer Taggelds Last.
Vom Rednerpult, zwar leicht nervös,
rief trotzdem einer ins Gedös:
Zweimal drei und eins macht vier!
Da sprach der Lehrer: Gehen wir!

Der Dollar

Achtung, achtung,
man sagt es euch täglich:
«Schlecht geht's dem Dollar,
unsäglich kläglich!
Er fällt in die Tiefe
mit steigendem Fieber,
ein armer Teufel,
ein Plattenschieber.
Nach zweihundert Jahren
im prunkvollen Nerz
ruft er nach Mitleid
mit stotterndem Herz!»

Aber, aber,
putzt eure Nasen,
das sind doch nur alles
trojanische Phrasen,
und hinter diesem
heimtückischen Latz
versteckt sich ein schlauer
gefrässiger Ratz.
Er schluckt euren Wohlstand
im Keller der Banken
und stillt seinen Hunger
am arglosen Franken.

Leider, leider
ist nicht immer alles
so, wie es sein sollt',
rund um den Dalles
und alle, die redlich
das Brot sich erschaffen,
machen die Götter
des Geldes zum Affen.
So war es immer,
es ändert sich nicht,
nur einmal viel später
beim jüngsten Gericht!

Das bittere Ende

Gott nahm als Vorbild
den eigenen Leib
und formte den Menschen,
den Mann und das Weib.
Er legte den beiden
als Unterpfand
seiner Liebe die ganze
Welt in die Hand.

«Die Vögel am Himmel,
die Fische im Meer
und alles Getier
im Revier um euch her»,
so sprach er, «und was ich
auch sonst noch getan,
das sei euch in Ewigkeit
untertan.»

Die Schlange kam,
und der Apfel fiel,
bald trieben die Menschen
ein teuflisches Spiel,
sie schlugen die Türe
zur Demut zu
und zeigten dem Schöpfer
die Spitze vom Schuh.

«Du gabst uns zuwenig,
du bist uns zu klein,
wir wollen nicht ewig
nur Kriechtiere sein.
Unser Können und Wissen
verdient seinen Lohn:
Lass uns deine Allmacht
und mach dich davon!»

Und Gott ist gegangen ...
kaum ahnt man ihn noch,
wo Liebe war, gähnt jetzt
ein finsteres Loch,
und wollen die Menschen
ihn nicht mehr verstehn,
dann müssen sie eben
durchs Fegfeuer gehn!

Das Erdöl

Seid vor dem Erdöl
auf der Hut,
es ist des Teufels
böses Blut,
an dem die Welt
verkommt, verdirbt
und mit verbrannter
Lunge stirbt.

Mit Erdöl tauft
Herr Urian
die Habsucht
und den Grössenwahn
und salbt damit
den Eigennutz
zum König über
Gold und Schmutz.

Das Erdöl trügt!
Sein schwarzer Frack
ist weiter nichts
als Kackerlack,
dem weissen Kragen
von der Bank
entströmt ein beissender
Gestank.

Wo man die Brühe
gläubig schluckt
und sich zur letzten
Ölung duckt,
schützt auch der Kirche
irres Licht
den Menschen
vor der Hölle nicht.

Güte verbindet

Ein kleines, mitfühlendes,
helfendes Lächeln
kann überall immer
ein Sonnenstrahl sein.
Im Herzen geboren,
trägt es die Liebe
ringsum in leuchtende
Augen hinein.

Schwerelos huscht es
vom Menschen zum Menschen
quer durch des Lebens
oft dämmrigen Raum,
und abseits vom Zorn
und bösen Gedanken
erfüllt sich ein Wunder,
ein uralter Traum.

Güte verbindet!
Lächelt doch, Freunde,
lächelt verstehend,
aufmunternd und still,
lächelt als Glied
einer goldenen Kette,
ganz wie der Herrgott
im Himmel es will!

Ehrgeiz

Ein wenig Ehrgeiz
braucht der Mensch,
um etwas
zu vollbringen.
Ganz ohne würde
auf der Welt
gar manches
nicht gelingen.

Doch aufgepasst,
und kocht ihn nur
auf einem kleinem
Feuer,
sonst frisst er
Treu und Glauben auf
und wird
zum Ungeheuer.

«Wo eine Pfanne
überläuft,
geht alles
vor die Hunde!»,
das hat der Papst
in Rom gesagt
und wohl
aus gutem Grunde.

Ja, so ist es

«Achtung», sagt der
vielgeplagte
Scheidungsrichter,
wenn am Bratspiess
sich ein Hähnchen dreht,
«Glück und Liebe
heutzutage,
werden meistens
von des Wohlstands
Bratenduft verweht.
Manche Ehe
geht nur deshalb
auseinander,
weil die Hausfrau
auseinandergeht!»

Moritat

Rinaldo Rinaldini
(Gott soll ihm gnädig sein!)
war einst ein edler Räuber,
ein Held für gross und klein.

Er stahl, so viel er konnte,
mit seinem wilden Tross,
er leerte alle Taschen
und knackte jedes Schloss.

Daneben tat er Gutes
und war am Sonntag brav,
gar mancher Pater sagte,
er sei sein liebstes Schaf.

Die Gräfin Dianora
gebar ihm einen Sohn,
den kleinen Lionardo,
getreuer Liebe Lohn.

Doch kam es, wie es musste,
er fiel im Morgenrot.
Es schossen ihn die Schergen
im finstern Walde tot.

Damit er weiterlebe,
beschloss die Schweizer Post,
gibt's eine Sondermarke
mit seinem Bildnis. Prost!

«Er leerte volle Taschen,
das ist ein schöner Brauch,
er knackte harte Schlösser,
das tun wir schliesslich auch!»

«Das Geld, das wir erobern,
bekommt der arme Staat,
so will es heutzutage
der Dienstbetriebssalat.»

«Wir nehmen und wir geben,
der Hut grüsst hoch vom Pfahl
Rinaldo Rinaldini
ist unser Ideal!»

Die kostbare Weile

Die Winde verwehen
am Horizont,
die Wasser verrauschen
im Meer,
die Jahre verlöschen
am Saum der Zeit,
und die Menschen
sie leben ins Leere.

Sie leben ins Leere
mit ihrer Hast,
versinken im Wirbel
der Triebe,
und sehen ihn nicht
und ziehen vorbei
am blühenden Garten
der Liebe.

Hier sprudelt des Glückes
ewiger Quell,
fernab
der aufpeitschenden Eile,
hier wartet auf alle
ein göttliches Ziel
in den Ranken
der kostbaren Weile!

Umgekehrt

Sünden, die wir selbst begehen,
machen meistens Freude,
wenn wir sie bei andern sehen,
ist es Pest und Räude.

Ach, wenn es doch möglich wäre,
umgekehrt zu denken
und uns frei von Erdenschwere
selber zu beschenken.

Eig'ne Schwächen überwinden,
fremde lächelnd dulden,
heisst ein Schloss am Himmel finden,
ohne alle Schulden!

Lächeln

Willst du
von Zweifeln
und Sorgen
dich lösen,
lächle zum Guten
und lächle zum Bösen,
lächle nach unten
und lächle nach oben,
nach links
und nach rechts hin,
bis alle
dich loben.
Aber ... wer immer
nur lächelt
im Leben,
der lächelt
ganz sicher
sehr oft auch
daneben.

Salve Salvia

Willst du lang
und lustig leben,
an der Pestilenz
vorbei,
würze Vogel,
Fisch und Braten
immer wieder
mit Salbei.

Lege seine
grünen Blätter,
nur ein Dutzend!
in den Wein,
und du kannst
Gesundheit trinken
und wirst nie
marode sein.

Leib und Seele
und Gebresten
vom Gebein
bis an die Haut,
heilt nach Plinius
dem Älteren
das gelobte
Wunderkraut.

Möchtest du
ein Mädchen freien,
gib Salbei ihr
allenfalls,
und du hast sie
mit dem Zauber
sicher morgen
schon am Hals.

Nur der Abt
im Kloster Cluny
sagte zu den
Brüdern «nein!»
Lasst die Staude
seitwärts liegen,
denn ihr wollt doch
Mönche sein.

Aber trotzdem
«Halleluja!»
was im Garten
wohlgedeiht,
ist ein Segen
für die ganze
meistens müde
Christenheit!

Der Kaffee

Heiss wie die Hölle ...
sei der Kaffee!
Jeder Schluck
ein kleines Oweh.
Wenn es so richtig
dampft in der Tasse,
dampft es auch irgendwo
an der Kasse.
Es füllt seine Taschen
der Spekulant
und schon ist in meine
ein Loch gebrannt.
Heiss wie die Hölle ...
Freude mit Qualen,
Abkühlung beim Schlürfen
und schlottern beim Zahlen.

Schwarz wie der Teufel ...
sei der Kaffee!
Undurchsichtig,
kein Pfefferminztee.
So, dass es keiner
durch Zufall entdeckt,
was alles an Abriss
im Bohnenpreis steckt.
Auch nicht, wie manche
neppische Hand
das Pulver vermischt
mit höllischem Sand.
Schwarz wie der Teufel ...
ein klares Gebot,
aber verbunden
mit mancherlei Not.

Süss wie die Liebe ...
sei der Kaffee!
Sündhaftes Treiben
im blühenden Klee.
Später die Reue
und ein Gewissen
mit schäbigen Löchern,
zerfetzt und zerrissen.
Die Rechnung, die hohe,
in bar zu begleichen
lässt auch den Abgebrühten
erbleichen.
Süss wie die Liebe ...
sauer am Schluss,
wie eben jedweder
Rauschgiftgenuss.

Reissverschluss

Sachen gibt es,
die man immer
wieder neu
bedenken muss.
So zum Beispiel:
die Banane
hat den besten
Reissverschluss!
Jeder merkt es,
der sie liebend
zwischen seinen
Fingern hält,
nur ein sanftes,
leises Zupfen,
und die Schale
weicht und fällt.
Liebe Eltern,
sagt es bitte
recht beizeiten
eurem Kind,
dass hier keine
Ingenieure
die Patent-
inhaber sind.

Nicht ein Russe,
nicht ein Ami
hat das Wunder
ausgedacht,
Engel haben's
aus dem Himmel
einstmals auf die
Welt gebracht.
Nicht im Osten,
nicht im Westen
steht der Thron
der Ewigkeit,
nur die Hände
Gottes spenden
wahres Licht
und rechte Zeit.

Vom spucken

Jeder echte
Vollmatrose
weiss es:
auf der hohen See
spuckt man nie
dem Wind entgegen,
immer nur
von Luv nach Lee.

Willst du grosse
Bögen spucken
und dem Gegner
ins Gesicht,
dann vergiss auch
auf dem Lande
diese alte
Regel nicht.

Andernfalls
bist du der Dumme
und hast keinen
rechten Spass,
denn von Lee nach Luv
mein Lieber
wird die eig'ne
Scheibe nass.

Doch noch tausend-
mal gescheiter
ist es, wenn du
seitwärts guckst,
und, falls dich
der Teufel kitzelt,
trotzdem
überhaupt nicht spuckst.

Tröstlich

Tausend kleine
Wunder weben
Gottes Engel
uns ins Leben,
die des Herzens
Hunger stillen
und den Tag
mit Freude füllen.
Manches Übel
kann verheilen,
wenn wir nicht
vorübereilen
und mit frohen
wachen Sinnen
Mut und Zuversicht
gewinnen.
Ja, das Glück
im Schönen suchen
heisst die Zeit
im Haben buchen
und mit einem
leisen Lachen
alle Sorgen
leichter machen.

Metamorphose

Als ich noch jung
und ein Kaulquäppchen war,
ein schmächtiges Ding
ohne Beine,
da glaubte ich immer,
die Welt sei ein Stern
und so brav
wie der Hund an der Leine.

Manchmal hatte ich
beinahe Angst
vor dem himmlischen
sündlosen Leben.
Ringsum nur Engel?
das brachte mein Herz,
das geplagte
und schwache, zum Beben.

Heute weiss ich,
als fertiger Frosch
und erfahren
in vielerlei Dingen:
Die Welt ist ein Sumpf,
und was glücklich macht,
ist quacken
und seitwärts springen.

Bitte beachten

Die Urne ist
des Frosches Faust,
die liebevoll
den Storch entlaust
und ihm, wenn's auch
das Auge netzt,
da wo es not tut
Grenzen setzt.

Des Frosches Ja,
des Frosches Nein,
kann Sauerteig
des Glückes sein,
wenn jeder stimmt
und nicht vernarrt
abseits in seinem
Pfuhl verharrt.

Frisch auf! Tu deinen
Willen kund,
sonst geht die Politik
zugrund,
die Zukunft scherbelt
aus dem Kitt
und selbstverständlich
du damit!

Selbstanklage

Wie kann und will ich
Gutes tun,
wenn's einfach
gar nicht geht,
weil einer,
der den Riegel schiebt,
vor meinem
Herzen steht.

So komm ich nie
aus mir heraus
und sitze
mürrisch fest.
Ich hasse
diesen Dunkelmann,
der mich gefühllos
presst.

Wisst ihr,
warum ich gestern schon
den Quälgeist
nicht verdrosch?
Zum Ersten
weil ich's selber bin
und zweitens
nur ein Frosch.

Blumen der Stille

Weisst du, was Blumen
der Stille sind?
Sie wiegen die Kronen
im schlafenden Wind
und atmen das Licht
aus dem Dunkel der Nacht.
Und weisst du, was sie
so liebenswert macht?
Worte sind es,
vom Schweigen getragen,
die mehr als die lauten
gesprochenen sagen.
Ein lauschendes Herz
kann sie lächelnd verstehn:
Worte des Glückes,
die nie mehr vergehn!

Irren ist menschlich

Irren ist menschlich
und ausserdem
in vielen Fällen
auch sehr bequem.
Man irrt sich gerne
und isst sein Brot,
als gäbe es nirgends mehr
Sorgen und Not.
Es irrt der Mensch,
solange er strebt,
die Augen verschliesst
und die Zeit nicht erlebt.
Ein jeder irrt sich
auf eigene Art:
Hochmütig, dummgläubig,
zartfühlend, apart!
und doch kommt die Sache
aufs Gleiche heraus,
man tritt auf die Wahrheit
als wär's eine Laus.
Irrungen – Wirrungen,
wie es auch sei,
so stolpert man kühn
am Gewissen vorbei!

Das rechte Mass

Alles kann gut
oder böse sein,
entscheidend ist immer
das Mass allein.
Was masslos ist,
ob fromm oder krumm,
ob keck oder schüchtern,
gescheit oder dumm,
ob links oder rechts,
ob hoch oder tief,
hängt, liebe Freunde,
als Haussegen schief,
Masshalten bitte,
wiegt oder messt,
bevor ihr dem Teufel
den Teller leerfresst.

Stossseufzer

Ich habe mein Sparschwein
– unerschüttert –
mit nicht genossenen
Freuden gefüttert.
Die vielen Verzichte,
das stete Entsagen
waren oft kaum
und nur schwer zu ertragen,
aber ich dachte mir:
Warte, im Alter
reitest du dann
deinen Lebenserhalter.

Fett ist's geworden,
herrliche Schinken!
doch ein erbärmliches
Himmelwärtsstinken
begrub meine Träume
und füllte das Auge
mit der bekannten
leicht salzigen Lauge:
Die Inflation,
die nach Speckseiten trachtet,
hat mein Bemühen
kaltschnauzig geschlachtet.

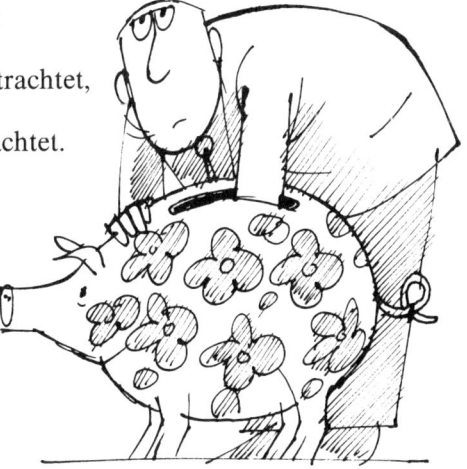

Braten und Würste,
ohne zu danken,
frassen die grossen
selbstsicheren Banken.
Was mir verblieb
von dem Kirchturmgeläute,
das waren die Knochen,
das waren die Häute!
Jetzt lebe ich kümmerlich
ohne die Sau
von der mageren Rente
der Ahavau!

Nur eine Handvoll

Wartet nur Kinder,
balde, gar balde
reifen die Erdbeeren wieder
im Walde.
Und zieht ihr hinaus,
um euch jubelnd zu bücken
und sie fürs Mäulchen
und Körbchen zu pflücken,
dann macht euch vom dornigen
Eigennutz los
und legt eine Handvoll
ins blühende Moos.

Nur eine Handvoll
ganz ohne Reue!
Schenkt sie den Elfen,
dass man sich freue.
Den Elfen,
die über dem Waldboden schweben
und Träume und Märchen
zum Leben verweben.
Sie brauchen das Licht
und den Schatten dazu
und hüten für Rehe
und Hasen die Ruh'.

Gebt ihr, so habt ihr!
Alles behalten
lässt Freude und Liebe
im Leben erkalten.
Wenn ihr den Elfen
ein Opfer bringt, Kinder,
so danken sie herzhaft
und zehnmal geschwinder
Was ihr ins Moos legt,
kommt reichlich zurück.
Nur eine Handvoll,
es ist euer Glück!

Viele Worte

Viele Worte
sind des Hasen Not,
und laute Hunde
bellen die Gedanken tot.
Drum sag im grossen
Redespiel
nur was man hören mag
und nie zu viel!

Das Ewige

Gott schuf die Kraft,
den Raum, die Zeit,
unfassbar gross,
unendlich weit.
Und was er tat
mit seinem Wort
ist allen Lebens
Sinn und Hort.

Der Erde Spiel,
ihr Narrentanz
um Geld und Macht
ist Firlefanz.
Unglaube, Spott
(ein Grabgeläut)
zerschellt an Gottes
Ewigkeit.

Das Glück wohnt nie
im Augenblick,
das Dauernde
formt das Geschick.
Mensch stehe fest
im Himmelslicht
und an dem Guten
zweifle nicht.

Fritz Herdi im Limmatspritzer,
Ueli der Schreiber auf der Bärner Platte,
Hanns U. Christen im Basler Bilderbogen berichten mit
viel Witz aus ihren «Hauptstädten».

Weitere namhafte Mitarbeiter zeichnen und texten mit
Humor und Satire aus ihrer Sicht, was auf nationaler
und internationaler Ebene so passiert.

Mit einem Abonnement auf den Nebelspalter erhalten
Sie eine wöchentliche Standortbestimmung, die sich von
den üblichen Zeitungsmeldungen deutlich abhebt.

Nebelspalter-Verlag
CH-9400 Rorschach